24 Tage im Advent

Kerstin Heß

Fotografie
Christian Mahn

Advent

Konzept, Styling: Kerstin Heß, Stuttgart
Grafik: Kerstin Heß, Christian Mahn, Stuttgart
Fotografie: Christian Mahn
Text: Kerstin Heß
Druck und Verarbeitung:
Print Design Druck GmbH, Minden
Printed in Germany

Lifestyle
BUSSE
SEEWALD

ISBN 978-3-512-03350-6

Inhalt

1 Adventskalender Seite 6
2 Apfelrezepte Seite 12
3 Geschenkdosen Seite 16
4 Filzbäumchen Seite 20
5 Nikolausstiefel Seite 26
6 Nikolaussocke Seite 30
7 Graue Tannen Seite 34
8 Weihnachtsmänner Seite 42
9 Wintervögel Seite 46
10 Picknick Seite 52
11 Rot-weiße Tannen Seite 56
12 Leporello Seite 62
13 Fliegenpilze Seite 70
14 Gebäck Seite 74
15 Winterrosen Seite 78
16 Schokoladentorten Seite 82
17 Rotkehlchen Seite 88
18 Etiketten und Papier Seite 92
19 Überraschungen Seite 96
20 Granatäpfel Seite 102
21 Tannentaschen Seite 106
22 Pfefferkuchenhaus Seite 110
23 Rezepte Seite 116
24 Frohes Fest Seite 120

Frohes Fest

Vorwort

Es ist kalt draußen geworden – die Freude ist groß, wann kommt der erste Schnee? Dunkel wird es schon am frühen Nachmittag.
Und mit der Adventszeit beginnt eine Zeit der Besinnlichkeit. Mit jedem Tag wächst die Vorfreude auf das große Fest. Es werden die ersten Kisten hervorgeholt und Schönes, das verborgen ruhte, behutsam an ausgesuchte Plätze im Haus dekoriert.
Lassen Sie sich mit diesem Buch durch eine stimmungsvolle Adventszeit führen. Mit leckeren Rezepten, vielen schönen Dingen zum Selbstgestalten, mit denen Sie sich und anderen eine Freude machen können. Feine Tischdekorationen geben dem Abend mit Freunden und Familien ein stimmungsvolles Ambiente.

Eine schöne Weihnachtszeit

Kerstin Heß

AN 24 TAGEN VOR DEM FEST:

Kleine Überraschu

egen

Ein Kalender mit 24 kleinen Überraschungen, versteckt in kleinen Stofftaschen. Im Format 10,5 x 10,5 cm werden 24 Stoffquadrate inkl. Nahtzugabe in verschiedenen Stoffen zugeschnitten. Für die Rückseite der Täschchen einen passenden einfarbigen Stoff verwenden. Die obere Kante der offenen Tasche wird 2 x knapp umgeschlagen. Dann bügeln und versäubern. Rück- und Vorderseite der Tasche mit den später sichtbaren Stoffseiten aneinander legen und mit einem Rand von 5 mm zusammen nähen. Wenden und glatt bügeln. Zum Aufhängen der Taschen mit leichten, kleinen Sachen reicht ein Band von 22 cm Länge.

JEDEN TAG EINE NEUE FREUDE

KLEINE PÄCKCHEN SCHÖN VERPACKT

Ein 22 cm langes Band wird bei 11 cm Länge in der Mitte der Taschenoberkante auf der Rückseite festgenäht. Bei schweren Sachen rechts und links der Tasche ein Band befestigen. Die Taschen mit einer Schleife an den weiß lackierten Stäben befestigen. Die Holzstäbe werden an den entsprechenden Stellen fest mit Wickeldraht zusammen gebunden. Dann weiß lackieren und trocknen lassen. Die Maße des Tannenbaumes befinden sich auf Seite 131.

Apfel-Rezepte

DER DUFT VON WEIHNACHTS-

CHRISTBAUM

Hörst auch du die leisen Stimmen
aus den bunten Kerzlein dringen?
Die vergessenen Gebete
aus den Tannenzweiglein singen?
Hörst auch du das schüchternfrohe,
helle Kinderlachen klingen?
Schaust auch du den stillen Engel
mit den reinen, weißen Schwingen? ...
Schaust auch du dich selber wieder
fern und fremd nur wie im Träume?
Grüßt auch dich mit Märchenaugen
deine Kindheit aus dem Baume? ...

ADA CHRISTEN 1841 - 1901

APFELKUCHEN LIEGT IN DER LUFT...

Weihnachts-Apfelkuchen

Teig;
200 g Mehl
125 g Butter
1 Prise Salz
1 Ei
1 Teelöffel Zimt
1 Teelöffel Puderzucker

Belag:
1,5 kg Boskop-Äpfel
3 Esslöffel Rosinen
150 g Zucker
abgeriebene Schale
einer Zitrone

Backzeit 50 Minuten
180°C (Gas Stufe 3-4)

Die Zutaten des Teiges mischen, den Teig so kurz wie möglich kneten, dann halbieren, beide Stücke in Klarsichtfolie einwickeln und 1 Stunde kühl ruhen lassen. Die eine Hälfte ausrollen und in eine Springform legen. Äpfel schälen und in feine Scheiben schneiden. Den Teig ganz eng damit belegen. Rosinen verteilen und die abgeriebene Zitronenschale darüber streuen. Die andere Teighälfte ausrollen und damit die Äpfel abdecken. Mit Zucker bestreuen und Butterflöckchen darauf verteilen.

Mandel-Zimt-Kuchen

450 g Blätterteig
250 g gemahlene Mandeln
250 g Zucker
1 Ei (geschlagen)
100 g Sahne (flüssig)
2 Teelöffel Zimt
Schale einer abgeriebenen Zitrone
1 Esslöffel Rosenwasser

Backzeit ca. 30 Minuten. 180°C - 200°C (Gas: Stufe 3-4)
Blätterteig-Platten zu einem Rechteck auf einem mit Backpapier ausgelegten Blech legen. Kanten zusammendrücken, damit es eine geschlossene Fläche gibt. Alle anderen Zutaten zu einer streichfähigen Masse verrühren. Mit einer Gabel mehrfach in die Fläche des Blätterteigs stechen und dann die Mandelmasse auf den Teig streichen.

Zum Kuchen Apfelsahne und Vanille-Eis:
3-4 Teelöffel Zimt, 1 Becher Sahne
1-2 saure Äpfel grob gerieben
Sahne steif schlagen. Geriebenen Apfel untermischen und mit Zimt und Zucker abschmecken.

Apfel-Tiramisu

1 kg Boskop-Äpfel
1 Zitrone
80 g Zucker
1 Paket Löffelbiskuit
1 Tasse Mandelplättchen

Für die Creme:
4 Esslöffel Zucker
1 Päckchen Vanillezucker
1 Vanilleschote (Mark)
4 Eigelb
2 Esslöffel Calvados
500 g Mascarpone

Die Äpfel in kleine Stücke schneiden, mit Saft einer Zitrone und 80 g Zucker weich dünsten (nicht zerfallen lassen). Die Zutaten für die Creme schaumig rühren und mit der Mascarpone vermischen. In eine Auflaufform schichten Sie nun abwechselnd Löffelbiskuit, Äpfel und Mascarponecreme. Die letzte Schicht sollte immer die Mascarponecreme sein. Kalt stellen. Zucker und Mandelplättchen karamellisieren. Erkalten lassen und über die Tiramisu verteilen.

DIE FLOCKEN FALLEN
TIEF UND DICHT
AUF WEG UND STEG
UND FELDER
UND FERN VOM HIMMEL
KOMMT EIN LICHT
UND GEHT DURCH
ALLE WÄLDER

CESAR BRESGEN

Dezember

Geschenkdosen

Die weihnachtliche Blechdose ist zum Selbstgestalten. Die Banderole können Sie von meiner Homepage: www.kerstinhess-frogart.de herunterladen und ausdrucken. Der Hirsch ist aus Silberblech geschnitten. Zimtsterne und Wintermandeln, in Cello-Tüten fein verpackt. Hirschform auf Seite 127.

Dose mit feinster Schokolade

Die Dose ist mit einer grünen Papierbanderole überzogen, die an der Innenseite des Deckels mit Tesafilm befestigt ist. Das grüne Papier ist mit weißen Punkten bemalt. Stift: Stabilo Woody 3 in 1, 880/100. Ein Streifen aus Alufolie unterteilt die grün-weiß gepunktete Fläche und selbstklebende Silbersterne verleihen der Dose einen besonderen Glanz.

Kleine Schokoladentafeln in Alufolie verpacken und mit selbst gestalteten Banderolen beziehen. Aus grauem Packpapier, rotem, dünnen Papier mit Deckweißpunkten, selbstklebenden Silbersternen, Bändern, Tannenzapfen und Papierbäumchen können Sie die Banderolen schön gestalten.

Adresse für Blechdosen auf Seite 131.

KLEINE AUFMERKSAMKEITEN

Dezember

Tannenbaum-Tischkarte

Machen Sie sich eine Schablone und fahren Sie mit einem Bleistift auf einem etwas dickeren, grünen Papier die Form an den Kanten der Schablone nach.
Der Stiel wird aus rotem Papier auf der Rückseite des Tannenbaumes aufgeklebt. Kanten mit einer Zick-Zack-Schere beschneiden. Verschiedenfarbiges Papier mit einem Papierlocher ausstanzen und aufkleben. Bouillondraht oben an der Spitze befestigen, vorsichtig um den Baum wickeln und auf der Rückseite des Baumes mit Tesafilm festkleben.
Stern aus Silberblech ausschneiden und ebenfalls an der Spitze des Baumes festkleben.

Tannenbaumform auf Seite 127.

Mandel-Rum-Kuchen

3 Eier
140 g Butter
200 g Zucker
1 Päckchen Vanillezucker
4-5 Esslöffel Rum
140 g gemahlene Mandeln
oder 70 g Nüsse/70 g Mandeln
70 g Semmelbrösel
70 g Mehl
2 Teelöffel Backpulver
100 g Orangeat

Backofen: 180°C / Gas Stufe 3

Eier trennen. Butter, Eigelb, Zucker und Vanillezucker verrühren. Orangeat fein schneiden und dazu geben. Ebenso Rum, gemahlene Nüsse, Mandeln, Semmelbrösel, Mehl und Backpulver. Backpulver und Mehl gut vermischen. Eiweiß steif schlagen und unter die Masse mischen. Für den Kuchen den Teig in eine gefettete und mit Semmelbrösel bestreute Form geben.
Hoher Kuchen 17 cm-Form, flacher Kuchen 28 cm-Form.
Backzeit Kuchen: ca. 40 Min.

Stricknadeltest: Mit der Nadel in den Kuchen stechen. Wenn kein Teig mehr an der Nadel klebt, ist der Kuchen fertig.

Abb. rechts: Den Teig können Sie auch auf ein mit Backpapier ausgelegtes Backblech streichen. Nach dem Backen in kleine Quadrate schneiden.

Sie können den Kuchen mit Puderzucker bestreuen oder mit Zitronen-Zuckerguss und gemahlenen Pistazien überziehen.

Filzbäumchen

Das Filzen mit der Nadel ist einfach. Lassen Sie es sich bitte zeigen oder informieren Sie sich im Internet. Schon nach ein paar Stunden kommen Sie zu wunderschönen Ergebnissen. Wenn ein solcher Baum mit Punkten fertig ist, oben an der Spitze den Bouillondraht verfilzen und langsam um den Baum ziehen. Unten angekommen, Draht wieder verfilzen.

Kokos-Milchreis

Kokosmilchreis mit Kirschen

400 ml Kokosmilch (Dose)
600 ml H-Milch
5 Esslöffel Kokossirup
1 Prise Salz
200 g Milchreis
200 g Kirschen
1 paar Blätter marokkanische Minze

Alle Zutaten, bis auf die Kirschen und Minze, in einen Topf geben. Damit der Milchreis nicht anbrennt, den mit Zutaten gefüllten Topf in einen größeren, mit Wasser gefüllten Topf hängen. Das Wasser immer wieder zum Kochen bringen und so im Wasserbad den Reis etwa 40 Minuten weich garen. Immer wieder umrühren. Milchreis warm oder kalt mit Kirschen und Minze servieren.

Fröhliche Nikolaus-

Stiefel

Pfefferkuchen

150 g Butter
500 g Zucker
2 Eier
4 Eigelb
250 g Mandeln
125 g Zitronat
20 g Zimt
1/2 geriebene Muskatnuss
750 g Mehl
1 Tüte Backpulver

Backofen auf 200°C vorheizen (Gas Stufe 3-4)

Zucker, Eier und Eigelb schaumig schlagen, dann weiche Stücke Butter dazu geben und vermischen. Mandeln und Zitronat zusammen im elektrischen Zerkleinerer portionsweise fein mahlen. Alle anderen Zutaten mit Mandeln und Zitronat vermischen und mit der schaumigen Masse zu einem glatten Teig verkneten. 1 Tag ruhen lassen. Teig 5 mm dick zwischen 2 Backpapieren ausrollen. Kein Mehl verwenden, damit die Oberfläche des fertig gebackenen Teigs schön glatt erscheint.
Die Stiefelform finden Sie auf Seite 126.
Form auf ein Backpapier übertragen und ausschneiden, dann den Teig mit einem scharfen Messer entlang der Schablone heraustrennen. Sofort auf das mit Backpapier ausgelegte Blech auflegen. Den Stiefel auf dem Blech an den Kanten schön in Form bringen. Abstehende Teigstückchen andrücken. Goldbraun backen.

So erhält der Stiefel seinen Glanz

Nach dem Backen wird das noch heiße Gebäck mit Gummiarabicum zum Glänzen gebracht. Das Produkt stammt von einer afrikanischen Akazienart und ist in Pulverform zu bestellen. Adresse auf Seite 131.
2 Esslöffel Gummiarabicum sind mit 10 Esslöffeln Wasser zu erhitzen und aufzulösen. Mit einem Pinsel dünn auf das heiße Gebäck auftragen. Sollte das Gummiarabicum zu dickflüssig sein, muss es mit Wasser verdünnt werden (trocknet sehr schnell).

Gummiarabicum während des Arbeitens leicht warm halten und immer wieder umrühren.

Tiefroter Glanz auf dem Stiefel

Bevor der rote Glanz auf die Lebkuchen kommt, muss der durchsichtige Glanz (Gummiarabicum) auf die Lebkuchen aufgebracht sein, damit die rote Farbe schön gleichmäßig aufgetragen werden kann. Die rote Glasur setzen Sie genauso an wie links beschrieben. 2 Esslöffel Gummiarabicum, anstatt Wasser wird nun Rote Beetesaft verwendet (10 Esslöffel).

Nun können Sie mit einem Pinsel die rote Farbe auf den kalten Lebkuchen auftragen. Auf kaltem Untergrund trocknet die Glasur nicht ganz so schnell an und somit kann man die Farbe schön gleichmäßig verstreichen.
Ist Ihnen beim ersten Auftragen das Rot nicht dunkel genug, können Sie noch eine Schicht Farbe aufstreichen, sobald die erste Schicht getrocknet ist.

So lange die Glasur flüssig ist, können Sie an durchsichtigeren Stellen Farbe nachtragen. Wenn die Glasur beim Arbeiten im Topf zu dickflüssig wird, Rote Beetesaft hinzugeben, etwas erhitzen und leicht warm halten. Auch umgekehrt, wenn Ihnen alles zu dünn vorkommt, können Sie unter kräftigem Rühren noch etwas Pulver hinzufügen.

Hellroter Stiefel mit matter Glasur

Ein helleres und mattes Rot erhalten Sie, indem Sie die Rote Muffin Glasur (Bad Schwartau) aus dem Beutel drücken und mit ein paar Tropfen Wasser verdünnen und auf die Lebkuchen auftragen.

Weißer Zuckerguss

1 Eiweiß steif schlagen und $2\frac{1}{2}$ Päckchen Puderzucker langsam unter ständigem Rühren hinzufügen. Zwischendurch vorsichtig mit Wasser oder Zitronensaft verdünnen. Der Zuckerguss muss von der Konsistenz sehr steif sein. Wenn man einen Löffel eintaucht, darf er nur sehr, sehr langsam von ihm abgleiten, damit nachher beim Spritzen die Linien nicht auslaufen. Für Flächen Zuckerguss verdünnen und aufstreichen.

Stiefel mit Papiermanschette

Eine besonders schöne Ausstrahlung bekommen die fein verzierten Stiefel durch eine weiße Papiermanschette. Schneiden Sie einen Streifen aus weißem Seidenpapier in den Maßen 26 x 6 cm zu.
Die obere Kante des Streifens mit einer Zick-Zack Schere abschneiden. Papierstreifen auf die Breite des Stiefels zusammenfalten und mit Tesafilm zusammenkleben. Mit einem weiteren Stück Tesafilm das Papier in der Mitte einer Schnur (oder Band) festkleben. Das Band mit dem Papier hinter den Stiefel legen und vorne zu einer Schleife zusammenbinden.

Nikolaus

LASST UNS FROH UND MUNTER SEIN

Lasst uns froh und munter sein
und uns recht von Herzen freun'!
Lustig, lustig, tralalalala!
Bald ist Nikolausabend da,
bald ist Nikolausabend da.

Dann stell' ich den Teller auf,
Nikolaus legt gewiss was drauf,
Lustig, lustig, tralalalala!
Bald ist Nikolausabend da,
bald ist Nikolausabend da.

Wenn ich schlaf, dann träume ich,
jetzt bringt Nikolaus was für mich.
Lustig, lustig, tralalalala!
Bald ist Nikolausabend da,
bald ist Nikolausabend da.

Wenn ich aufgestanden bin,
lauf ich schnell zum Teller hin.
Lustig, lustig, tralalalala!
Bald ist Nikolausabend da,
bald ist Nikolausabend da.

MELOIE UND TEXT AUS
DEM RHEINLAND

Der Nikolaus war da...

Nikolaus-Siefel

Die Stoffstreifen für den Stiefel streifenweise von der Öffnung bis an die Spitze zusammennähen: 2 Streifen von oben zuschneiden, zusammennähen, auf die Schablone legen und den nächsten Streifen zuschneiden und annähen. Nahtzugabe zwischen den Streifen nicht vergessen. Gute 2–3 cm des Stoffes rechts und links am Stiefel stehen lassen, da sich immer wieder etwas verschiebt. Sind alle Streifen aneinander genäht, können Sie noch Bändchen aufnähen oder mit Perlen bestikken. Danach wird die Schablone auf dem Stiefel mit Nadeln befestigt und der um 2-3 cm überstehende Stoff an der Schablone entlang abgeschnitten.

Für die Rückseite: einen dickeren Stoff in den Maßen 23 x 46 cm + ringsum 1,5 cm Nahtzugabe zuschneiden und rundum versäubern. 3 cm des Stoffes oben umklappen, glatt bügeln und festnähen. So festnähen, dass rechts und links eine 3 cm hohe Öffnung bleibt, um einen Stab durchzuziehen. Den Stiefel auf den Untergrund legen und mit einem Zick-Zack-Stich festnähen. Bei dem überstehenden Zipfel einen Stoff dagegen legen und überstehende Kanten abschneiden.

Stiefelform finden Sie auf Seite 131.

Dezember

Silber-weiße Papiertannen

Papiertannenbäume aus silbernem und weißem Fotokarton sind einfach und schnell gemacht. Die Form finden Sie auf Seite 128. Übertragen Sie die Form auf den Fotokarton. Mit einem scharfen Schneidemesser (Cutter) und einem Lineal den Baum ausschneiden. Dann nach Ihren Wünschen Papierstreifen, Transparentpapierstreifen, ein Stück Wellpappe oder Bänder an der Rückseite des Baumes durch die Mitte führend mit Tesafilm befestigen. Weiße Punkte mit Deckweiß auftragen. Wenn die Oberfläche des Papiers glatt ist und das Deckweiß abperlt, vor dem Auftragen einen kleinen Tropfen Spülmittel unter die Farbe mischen. Kreisrunde Punkte mit Haftetiketten aufkleben.

MIT ZARTEN GRAUTÖNEN LIEBEVOLL DEKORIERT

1 2 3 4

Papiertannenbäume mit Silberglanz

Schmuckkärtchen

Eine Karte aus silbernem und weißem Fotokarton in den Maßen 17 x 24 cm ausschneiden. Die Länge von 24 cm halbieren, leicht anritzen und falten. In die Kartenvorderseite jeweils im Abstand von 2,5 cm zu den seitlichen Kanten und im Abstand von 3 cm zur unteren Schmalkante zwei 4 cm lange, senkrechte Schlitze einschneiden. Einen Streifen aus schönem Papier oder Transparentpapier durch die Schlitze ziehen und innen mit Tesafilm festkleben. Form der Bäume auf Seite 128, Gestaltung der Bäume bitte bei silber-weiße Papiertannen in Kapitel "7. Dezember" nachschlagen.

Draußen vom Walde da

komm ich her...

KNECHT RUPRECHT

Draußen weht es bitterkalt,
wer kommt da durch den Winterwald?
Stippstapp, stippstapp und huckepack -
Knecht Ruprecht ist's mit seinem Sack.
Was ist denn in dem Sacke drin?
Äpfel, Mandeln und Rosin'
und schöne Zuckerrosen,
auch Pfeffernüss' fürs gute Kind;
die andern, die nicht artig sind,
klopft er auf die Hosen.

MARTIN BOELITZ 1874 – 1918

Papier-Weihnachtsmann

Die Form für die Schablone finden Sie auf Seite 126. Die Schablone auf ein dickeres weißes Papier legen und die Form mit einem Bleistift an den Kanten der Schablone nachzeichnen. Für eine stehende Tischkarte den Weihnachtsmann 2 x ausschneiden. Dann zeichnen Sie mit einem weichen Bleistift die Form des roten Mantels mit Mütze auf ein Transparentpapier durch. Danach legen Sie das Transparentpapier mit der Seite, auf der die Form mit Bleistift aufgezeichnet wurde, auf dünnen roten Fotokarton und pausen mit Druck durch den Fingernagel, indem Sie die Linie nachfahren, die Form durch. Ausschneiden. Auf den weißen Papier-Weihnachtsmann den Rucksack (Übermaß) aufkleben.

Kariertes Papier gibt es bei acufactum. Dann den roten Mantel mit Mütze aus rotem Fotokarton aufkleben und überstehende Kanten abschneiden. Die weißen Ränder mit einem Wachsstift von Stabilo aufmalen (Woodi 3 in 1 880/ 100 Stabilostift). Der gestaltete Weihnachtsmann und der Weihnachtsmann aus weißem Papier werden oben am Mützenbommel zusammengeklebt und unten an den Stiefeln durch einen Steg aus dickerem Papier verbunden. Der Steg ist 5,5 cm lang und 2 cm breit. An beiden Enden wird je 1 cm umgeknickt und innen an den Stiefeln festgeklebt. Die Knickstelle vorher mit einem Schneidemesser leicht anritzen.

Rezept und Beschreibung für gebackene Weihnachtsmänner mit roten Glasuren finden Sie im Kapitel "5. Dezember".

Stimmungsvolles

Ambiente

Ein Hauch von Silberschimmer und Winterglanz strahlt dieser fein gedeckte Tisch aus. Ein Blick aus dem Fenster, die sonst so vertraute Landchaft ist durch Schnee und Eis in ein glitzerndes Wintermärchen verwandelt.

Sternstab

Ziehen Sie vom Christbaumschmuck in Sternform den Aufhänger heraus, und schieben in die Öffnung einen Rundstab (ca. 18 cm) oder einen schönen Ast aus der Natur. Mit einer schönen Schleife und einem zarten Eukalyptuszweig den Sternstab an die Serviette binden.

Genießen Sie die Vorweihnachtzeit mit der Familie, mit Freunden in gemütlicher Runde. Ein festlich gedeckter Tisch mit fantasievoller Dekoration.

Ring mit zarten Papiervögelchen

Ein 80 cm langer und 4 cm breiter Streifen aus Silberblech ergibt einen Ring mit einem Durchmesser von 27 cm. Silberblech gibt es nur im A4 Format. Die Silberblechstreifen schneiden und Kante an Kante mit einem Tesafilm zusammenkleben, damit Sie auf eine Länge von 80 cm kommen. Das Gleiche machen Sie aus einem dickeren Papier. Auch auf eine Länge von 80 cm und 4 cm Breite. Beide Streifen fest zusammenkleben.

Mit einer Stricknadel (Stärke 4) auf dem ganzen Silberblechstreifen eine Linie neben der anderen ziehen, dadurch bekommt der Streifen eine lebendige Oberfläche. Zu einem Ring mit Tesafilm zusammenkleben und in Kreisform biegen. An 4 Silberdrähten oder Bändern aufhängen. Besonders schön machen sich auf dem Kranz kurze Eukalyptuszweige, die fast ihre Form behalten, auch wenn sie getrocknet sind.

Machen Sie sich von dem Vogel eine Schablone (auf Seite 128) und fahren Sie mit dem Bleistift auf einem dickeren, weißen Papier die Form an den Kanten der Schablone nach. Den Vogel ausschneiden. Dann läßt er sich nach Herzenswunsch schön bemalen oder mit Papier bekleben. Sie können z.B. die Fläche mit silberner Wasserfarbe bemalen, dann Punkte und Streifen mit Bleistift auf die Silberfläche auftragen. Oder den Schwanz und die Füße des Vogels rot anmalen und Deckweißpunkte aufsetzen. Wenn die gewünschten Stellen des Vogels gestaltet sind, werden aus weißem Seidenpapier länglich, spitz zulaufende, ca. 3–4 cm lange Federn zugeschnitten. Sie können das Seidenpapier ca. 3 cm breit wie eine Ziehharmonika falten und dann die Feder frei ausschneiden. Somit haben Sie gleich mehrere Papierfedern auf einmal. Die Federn werden schuppenartig am Schwanz anfangend bis zum Hals aufgeklebt. Die Federn nur an einer Spitze fest kleben, damit sie frei abstehen. Kleine aufgeklebte Silberstern-Pailletten lassen die Vögel noch besonders schön glitzern. Mit einem Band eine Schleife um den Bauch des Vogels binden. Damit es besser hält, kann das Band auf der Rückseite mit Tesafilm befestigt werden.

Federform und Größe auf Seite 128.

Picknick im Schnee

Blätterteigtasche mit Spinat und Hühnchen

Für 12 Stück

1 -2 Zwiebeln
1 kg Blattspinat (tiefgefroren)
2 Päckchen à 6 Scheiben Blätterteig tiefgefroren
1 Hühnerbrust
1 Becher Schmand
1 Päckchen Philadelphia Frischkäse
170 g geriebener, junger Gouda
150 g geriebener Parmesan
4 Esslöffel Milch
3-4 Teelöffel frischer, grüner Pfeffer
1 Messerspitze Muskat
1 Topf frischer Basilikum
1 Eigelb

Tiefgefrorenen Blattspinat unaufgetaut mit etwas Wasser erhitzen. Vor dem Würzen Spinat gut ausdrücken. Mit Salz, Pfeffer, Muskat und gedünsteten Zwiebelstücken abschmecken. Hühnerbrust in schmale Streifen schneiden, salzen, pfeffern und braten. Schmand, Philadelphia, Gouda, Parmesan, grüner Pfeffer, kleingehacktes Basilikum und Milch zu einer Masse mischen. Mit Salz und Pfeffer abschmecken. Blätterteigplatten teilen und die Hälften etwas auseinander ziehen. Auf eine Hälfte ca 1,5 cm Schicht Spinat streichen. Bitte einen Rand von 1 cm lassen.

Dann gebratene Hühnerbruststreifen flach verteilen. Zum Schluss eine 1 cm dicke Schicht Käsemasse darüber geben. Alles schön im Quadrat aufbauen. Freien Rand des Teigs mit Eigelb bestreichen und über das Ganze die andere Teighälfte legen und an den Ränder fest zusammendrücken. Alles goldbraun backen. Teigtaschen schmecken im warmen und kalten Zustand sehr gut.

Winterquark mit Himbeeren

Für 4 Gläser (ca. 250 ml)
250 g Quark
1 Becher Sahne
50-100 g Meringen oder Baisers
100 g Himbeeren

Sahne schlagen. Quark, Sahne und Himbeeren etwas süßen. Ein Glas dreiviertel füllen. Zuerst eine Schicht Quark, dann Himbeeren und zuletzt Sahne. Die Meringen werden grob zerbröselt, kurz vor dem Verzehr in die Gläser gefüllt und für den guten Appetit alles vermischt. Wenn die Meringen einige Zeit mit den anderen Zutaten vermischt bleiben, lösen sie sich durch die Feuchtigkeit auf.

Winter-Mischung

Eine Tüte zum Naschen für Alle.

Mandeln
Pfefferkuchen
Haselnüsse
Wienermandeln
Walnüsse
Wintermandeln
Vanillemandeln

JUL

Markt und Straßen stehn verlassen,
still erleuchtet jedes Haus,
sinnend geh ich durch die Gassen,
alles sieht so festlich aus.

An den Fenstern haben Frauen
buntes Spielzeug fromm geschmückt,
tausend Kindlein stehn und schauen,
sind so wundervoll beglückt.

Und ich wandre aus den Mauern
bis hinaus ins freie Feld,
hehres Glänzen, heil'ges Schauern!
Wie so weit und still die Welt!

Sterne hoch die Kreise schlingen,
aus des Schnees Einsamkeit
steigt's wie wunderbares Singen --
o du gnadenreiche Zeit

JOSEPH VON EICHENDORFF
1788 -1857

Rot-weiße Kerzen

Unterschiedlich hohe, rote Streifen auf weißen Kerzen erhalten Sie, indem Sie durch und durch rot gefärbte Kerzen in einem Topf zum Schmelzen bringen.
Das flüssige Wachs in ein schmales Gefäß umgießen und die weiße Kerze immer wieder in das heiße Wachs tunken, bis Sie Ihr Rot erreicht haben. Wird das Wachs im Laufe der Arbeit etwas zäher, wieder in den Topf zurückgießen und erneut erhitzen.
Die dünne Wachsschicht an den Kerzen trocknet sehr schnell. Wollen Sie viele Kerzen färben, brauchen Sie noch etwas Wachs zum Nachgießen, damit Sie immer auf Ihre gewünschte Höhe beim Eintauchen kommen.

TANNENWINDLICHTER IN ROT & WEISS

Die rot-weißen Windlichter aus Papier sind aus rotem und weißem Fotokarton gemacht. Kleben Sie eine flache Schachtel zusammen. Grundschachtel (Bodenfläche) beträgt 11 x 11 cm, Höhe 2 cm. Tannenbaumform und Schachtelform finden Sie auf Seite 128. An alle 4 Kanten der Schachtel die Bäume kleben und um die Mitte des Baumes eine Schleife binden, hinter die Sie einen kleinen Zweig schieben können. Zarte, weiße Spritzer erreichen Sie, indem Sie einen flachen Borstenpinsel oder eine Zahnbürste in etwas verdünntes Deckweiß tauchen und mit dem Finger an den Borsten entlang fahren, um Farbe auf das rote Papier zu spritzen. Dickere Punkte mit dem Pinsel auftragen.

Festlich

dekoriert

12

FROHES FEST

FROHES FEST

Papier-Leporello

Das Leporello besteht aus 10 Seiten. Eine Seitenfläche beträgt 10 x 13 cm. Die geknickten Stellen vor dem Knicken leicht anritzen. Sterne befinden sich auf Seite 128. Nach dem gleichen Prinzip wie im Kapitel "8. Dezember" (Papier-Weihnachtsmann) die Formen durchpausen. Sterne ohne Hilfe eines Lineals mit dem Cutter frei ausschneiden (geht schneller und die Sterne sehen lebendiger aus). Auf die gewünschte Länge des Leporellos kommen Sie, indem Sie an einer Seite der Papierfläche 1 cm mehr zugeben, knicken und an das schon bestehende Leporello ankleben. Leporello von beiden Seiten schön gestalten, wenn es in der Mitte des Tisches stehen soll.

Sternenzauber

Himmlich schöne weiß verzierte Lebkuchensterne. Nach dem Backen die Sterne mit Zuckerguss gleichmäßig überziehen. Sobald der aufgetragene Zuckerguss trocken ist, können Sie mit weiterem Zuckerguß die Sterne fein verzieren. Beschreibung des Zuckergusses können Sie im Kapitel "5. Dezember" nachlesen.

Stern-Laterne

Verwenden Sie für diese Laterne dickeres Papier. Grundschachtel: Fläche beträgt 12 x 12 cm und Höhe 2 cm. Nach Schachtelform (Skizze auf Seite 131) zusammenkleben. Dann vier 12 x 12 cm Quadate schneiden und nach Ihren Wünschen die Flächen gestalten, durch Ausschneiden z.B. von Sternen. Formen durchpausen wie im Kapitel "8. Dezember" (Papier-Weihnachtsmann).

Dann 4 x 2 cm breite und 15,5 cm lange Streifen schneiden. Streifen längs knicken. Vorher leicht anritzen. Nun die 4 Quadrate auf den Innenseiten der schmalen Streifen festkleben. Es entsteht ein quadratischer Körper, der auf kleinen Füßen steht, an denen Sie nun abschließend den Boden auch an den Innenseiten der Streifen festkleben. Silbersterne sind aus Silberblech geschnitten und mit Silberdraht an den Ecken befestigt.

Servietten-Bäumchen

Die Bäumchen aus weißem, stärkerem Papier können Sie mit Alufolie überziehen, oder mit einem silbernen Glimmerklebestift Punkte setzen und Streifen ziehen. Auch selbstklebende Sterne bringen schöne Effekte.

Silberne Glanzeffekte

Die Back- und Glasuranleitung
für Pilze finden Sie im Kapitel "5. Dezember"

Pilz-Fantasien

Geschenk-Schachteln

Auf eine Banderole aus grauem Altpapier werden kleine Pilze geklebt. Form auf Seite 126. Stiel aus weißem Papier. Rotes Papier ist dünner Fotokarton mit weiß aufgemalten Deckweiß-Punkten. Zwischendurch mit einem flachen Borstenpinsel dicke kurze Deckweiß-Striche auftragen. Zudem Sterne mit Bleistift und Deckweiß in die kleinen Zwischenräume malen. Kariertes Papier können Sie bei acufactum bestellen. Die ganze Banderole wird um die Kanten des Deckels gezogen und innen mit Tesafilm befestigt. Das Motiv können Sie auch von meiner Homepage herunterladen. www.kerstinhess-frogart.de

Pralinen Bild oben rechts:
Kleine weiße Pralinen kaufen und in die etwas verdünnte Rote Muffin-Glasur (siehe Kapitel "5. Dezember") eintauchen oder einen kleinen Klecks auftragen. Leicht trocknen lassen und kleine Zuckerguss-Punkte aufsetzen.

Pilzkranz

Weiße Christbaumkerzen nach dem gleichen Prinzip wie im Kapitel "11. Dezember" rot färben und, sobald sie trocken sind, mit einem weißen Lackstift Punkte setzen. Beim Färben darauf achten, dass Sie die dünnen Kerzen bei Wiederholungen nicht so schnell ins heiße Wachs tauchen, da sich sonst die Kerze verbiegt. Im leicht warmen Zustand können Sie die Kerze auch wieder gerade biegen.

Weihnachts-Gebäck

Zimtsterne

400 – 450 g Mandeln für den Teig
3 Eiweiß
300 g Puderzucker
1 Teelöffel Zitronensaft
abgeriebene Schale einer halben Zitrone
1 Esslöffel Zimt
je einen halben Teelöffel gemahlene Nelken und Piment

Backofen auf 180 – 200°C, Gas Stufe 3.

Mandeln sehr fein mahlen. Eiweiß zu steifem Schnee schlagen. Puderzucker langsam dazu geben. Zum Schluss den Zitronensaft unterrühren. 1 Tasse des Eischnees für die Glasur abnehmen und in den Kühlschrank stellen. Die Mandeln mit der Zitronenschale, den Gewürzen unter den Eischnee mischen. Wenn der Teig klebt, noch etwas von den gemahlenen Mandeln dazugeben. Den Teig in den gemahlenen Mandeln ausrollen. Zimtsterne auf das Backpapier legen und mit der Glasur überziehen.

8 bis 10 Minuten backen.

Verzieren:
Nach Abkühlung können die Zimtsterne noch mit zartem Zuckerguss-Streifen und Punkten verziert werden.

Zedernplätzchen

Für ca. 60 Stück

3 Eiweiß
400 g Puderzucker
Saft von einer Zitrone
500 g gemahlene Mandeln
70 g ganz fein gewürfeltes Zitronat
geriebene Schale von einer unbehandelten Zitrone
6 Esslöffel Aprikosenkonfitüre
70 g Mandelstifte

Eiweiß steif schlagen. Den Puderzucker unter Weiterschlagen dazugeben. Gute 5 Minuten schlagen, da die Masse sehr steif und glänzend aussehen muss. Dann Zitronensaft unterrühren. Von der Eiweißmasse eine sehr große Tasse zum Glasieren beiseite stellen. Die gemahlenen Mandeln, Zitronat und Zitronenschalen unter die Eiweißmasse mischen. Der Teig sollte feucht sein, aber nicht kleben. Sonst noch etwas gemahlene Mandeln untermischen. Den Teig 1 Stunde zugedeckt kühl stellen. Dann 1 cm dick direkt auf einem Backpapier ausrollen und auf ein Blech legen. Mit der erwärmten Aprikosenkonfitüre bestreichen. Ofen auf 160°C vorheizen und den Teig 10 Minuten vorbacken. Inzwischen die Mandelstifte unter die beiseite gestellte Eiweißmasse mischen. Wenn die Masse zu dickflüssig ist, mit ein paar Tropfen Zitronensaft verdünnen. Dann gleichmäßig auf dem vorgebackenen Teig verstreichen. Nochmals 8 bis 10 Minuten weiterbacken. Die Oberfläche darf leicht bräunlich werden. Abkühlen lassen und in Quadrate schneiden.

Zarte Rosentöpfchen & Lerchenzapfen

Winterrosen

Schöne rote und rosa Rosen in der Weihnachtszeit sorgen für eine festliche Stimmung. Binden Sie Rosen mit Lerchenzapfenästen zu kleinen Sträußen. Mit einem Hauch Puderzucker bekommt der Strauß einen winterlichen Glanz.

Papierbäumchen

Für die Papierbäumchen verwenden Sie am besten dünne Holzstäbe von einer Ausrollmatte für Sushi oder von einem asiatischen Tischset. Beides in Asia-Lebensmittelläden erhältlich. Maße: Mittelstab 28 cm, 2 x 11 cm für das Kreuz, 4 x 21 cm für die Außenstäbe. (Abb. rechts). Zuerst das Kreuz mit einem sehr feinem Silberdraht um den Mittelstab befestigen, danach an allen 4 Enden des Kreuzes die Außenstäbe befestigen, danach alle 4 Außenstäbe an der Spitze festmachen. Gerüst in der Farbe Ihrer Wahl bestreichen. Aus dünnem Papier lange schmale Streifen (1 cm) mit der Zick-Zack Schere schneiden. Außenstäbe mit Klebestift bestreichen und mit den Papierstreifen umwickeln. Eine kleine Konservendose mit Blumensteckschaum füllen und den Tannenbaum einstecken.

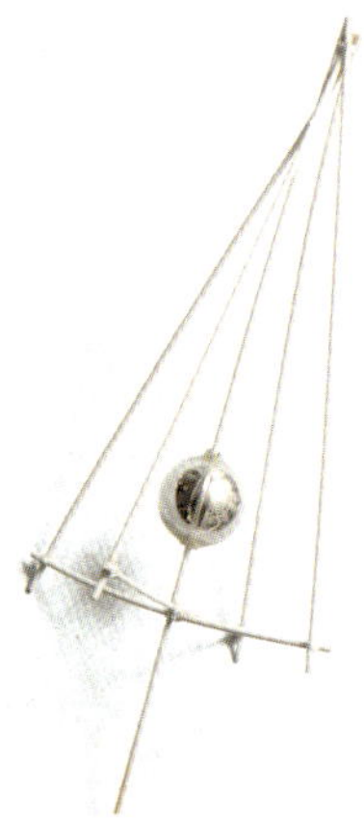

Windlicht

Die leuchtenden Windlichter aus Transparentpapier (82 g) sind einfach und schnell zu machen. Einen Transparentstreifen in den Maßen 20 x 9 cm zu einer Ziehharmonika falten: Faltenbreite 1,3 cm. Lochen Sie den Streifen mit einem Bürolocher (siehe Foto rechts), dann auseinanderfalten und glatt bügeln.

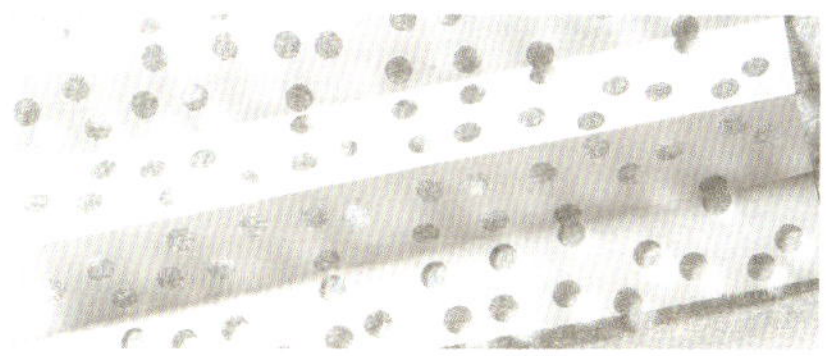

Wichtig: Legen Sie vor dem Bügeln ein Papier auf das Transparentpapier, damit es nicht bräunlich wird. Um ein großes Teelicht ein doppelseitiges Klebeband anbringen, Schutzstreifen abziehen, Transparentpapier rundum aufkleben und am überlappenden Ende zusammenkleben.

Dezember

16

SCHOKOLADENKUCHEN UND TÖRTCHEN

Schokoladenkuchen

200 g Butter
200 g Zucker
200 g Blockschokolade
200 g ganze Mandeln
200 g ganze Nüsse
6 Eier
1 Teelöffel Backpulver
200-300 g Zartbitterschokolade für den Guss

Backofen auf 190°C vorheizen. Gas Stufe 3. Backzeit 45 Minuten.

Eier, Zucker und Butter schaumig schlagen. Zerkleinerte Schokolade mit ganzen Mandeln und Nüssen mischen. Den Teig in eine Kuchenform Ihrer Wahl geben.
Diese Mischung portionsweise im elektrischen Zerkleinerer fein mahlen und Backpulver untermischen. Alles zu einem Teig zusammenrühren. Den fertigen Kuchen mit Zartbitter-Schokolade überziehen.

Zuckerguß: Lila-Glasur erhalten Sie, indem Sie Holundersaft unter den Zuckerguß rühren.

Schokoladentorte

mit Kirschen

Schokoladentorte

250 g Butter
250 g Zucker
8 Eigelb
8 Eiweiß
200 g Bitterschokolade 70%
150 g Mehl
1/2 Päckchen Backpulver
400 g Kirschmarmelade

Creme für Schoko-Überzug
250 g Bitterschokolade
200 g Creme Fraiche
180 g Zucker
1 Päckchen Vanillezucker
1 Ei

Mit 200°C (Gas Stufe 4) Ofen vorheizen und dann auf 180°C (Gas Stufe 3) zurückstellen.
Backzeit: 45 Minuten

Butter, Zucker und Eigelb schaumig rühren. Schokolade schmelzen und mit der schaumigen Masse vermischen. Eiweiß steif schlagen und mit Mehl und Backpulver vermischen. Dann alles zu einem Teig verrühren und in eine runde Kuchenform geben. Sie können den Teig auch teilen und 2 kleine 16 cm Ø Kuchen backen.

Nach dem Backen den Kuchen stürzen und abkühlen lassen. Dann ein- oder zweimal horizontal teilen. Zwischen die Hälften die Kirschmarmelade streichen und alles wieder zu einem ganzen Kuchen aufeinander setzen.

Creme für den Schoko-Überzug
Schokolade und Creme Fraiche schmelzen. Zucker, Vanillezucker und das Ei dazu geben, verrühren und kurz aufkochen lassen. Etwas abkühlen und die Schokoladencreme vorsichtig über den ganzen Kuchen ziehen.

Dezember

17

Papiervögelchen

Machen Sie sich eine Schablone und fahren Sie mit einem Bleistift auf einem dickeren Papier die Form an den Kanten der Schablone nach. Benutzen Sie z.B. dicken grauen oder silbernen Fotokarton. Sobald die Rotkehlchen ausgeschnitten sind, mit rot deckender Farbe, z.B. „Plakat-Tempera“ eine Fläche des Bauches auf das graue Papier aufmalen und trocknen lassen. Dann mit einem 1 cm flachen Borstenpinsel mit Deckweiß (Plakat-Tempera), lebendige, kurze Striche auftragen. So wird die Kante zwischen Rot und Grau/Silber überdeckt. In die Mitte des Vogels ein kleines Loch stechen und das Ende der weißen Feder durchziehen. Auf der Rückseite mit Tesafilm befestigen. Schnabel und Auge mit schwarzen, dünnen Filzstift aufmalen.

Rotkehlchenform auf Seite 128.

Bunt verpackt… Geschenke

Geschenkanhänger

Hier sind viele kleine Vorschläge gemacht, wie Sie die Geschenkanhäger auf dem Beilagebogen weiter verarbeiten können.
Bei den kleineren Etiketten können Sie noch größere Etiketten aus ausgewählten Papieren darunter legen und alles mit einem Band zu einer Schleife zusammenbinden.

Papier

Die weißen Kleckse auf grünem Papier sind durch einen runden, in Farbe getauchten Pinsel entstanden. Den Pinsel mit Farbe senkrecht und schnell auf das Papier drücken, sodaß die Pinselhaare sich in der Mitte aufspreizen.

Weißer Falttannenbaum

Der weiße Falttannenbaum wird aus einem dünnen, weißen DIN A4 Papier gemacht. Die ganze Fläche des Papieres im Hochformat zu einer Zieharmonika falten. Faltenbreite 1,2 cm. Ein Loch in die Mitte des zusammengefalteten Papiers lochen (Papierlocher). Das Papier auseinander falten, flach drücken und mit der Schere die Form des Tannenbaumes ausschneiden. Zusammenfalten und einen kleinen, zartgliederigen Ast durch die Löcher ziehen.

Glänzendes Gold und Silber

An einigen alkoholischen Getränkeflaschen befinden sich verschiedene Gold- und Silbermanschetten um den Flaschenhals. Die Manschetten vorsichtig ablösen und flachstreichen. Nun können Sie kleine Spanschachteldeckel beziehen, Streifen schneiden oder Motive Ihrer Wahl ausschneiden und aufkleben.

Geschenke, liebevoll

Schachteln in der gewünschten Größe mit grauer Temperafarbe oder mit einer anderen deckenden Farbe bemalen. Mit Deckweiß und Bleistift die Schachteln in eine winterliche Stimmung bringen. Rosen und Nikolauskopf sind Schwarz-Weiß-Kopien von bunten Glanzbildern. Der Silberstern unter der Rose ist eine auseinander und flachgedrückte Alu-Pralinenform. Die Zacken frei Hand mit der Schere oder mit der Zick-Zack-Schere schneiden. Ist die Schachtel fertig, das Ganze noch mit glänzendem Klarlack zum Schutz übersprühen.

verpackt

Geschenk-Schachteln

Aus rotem oder silbernem Fotokarton wird eine kleine Schachtel gefaltet. Die Maße finden Sie auf Seite 130.
Helle Linien von der sichtbaren Seite leicht anritzen, damit sie sich leichter falten lässt. Bei der grauen Schachtel befindet sich hinter dem ausgeschnittenen Tannenbaum eine festgeklebte Klarsichtfolie (Kopierfolie). Striche und Linien sind mit einem weißen, dicken Stift von Stabilo gezeichnet. Zutaten der roten Schachtel bei "Advent-Tütchen" nachschlagen (Seite 101). Weiße Punkte sind mit Deckweiß aufgetragen.

Winter-Socken

Selbstgestrickt oder gekauft, warme Socken für die Winterzeit sind immer ein schönes Geschenk. Sie lassen sich auch einfach und schön verpacken. Die Socken auf einen gestalteten Papieruntergrund legen und mit gestrickten Papierbanderolen umspannen.

Gestrickte Banderolen: Helle Strickstücke von Ihnen auf den Schwarz/Weiß-Kopierer legen und mit der hellsten Stufe kopieren.

Advent

Advent-Tütchen

Die Tüten mit der Schrift Advent, mit dem Herz und der Rose, sind mit Hilfe einer Butterbrottüte entstanden. Das Wort Advent ist mit 4 cm hohen Holzbuchstaben aus dem Bastelladen, die von der spiegelverkehrten Seite mit Farbe angestrichen werden, aufgedruckt. Die kleinen Tüten nach Ihren Wünschen mit der Zick-Zack-Schere abschneiden und gestalten. Die Rose ist eine Schwarz-Weißkopie eines bunten Glanzbilds. Der Silberkreis unter dem Herz ist eine auseinander- und flachgedrückte Alu-Pralinenform. Rand mit Zick-Zack-Schere beschneiden und mit dem Papierlocher die Löcher für die Schleife stanzen.

Granat-Apfel

mit Silber

Wunderschön sieht ein Granatapfel aus, wenn Sie ihn mit Bouillondraht schmücken. Befestigen Sie oben in der Spitzenkrone den Draht und ziehen ihn in leichten Kreisen um den Granatapfel. In die Mitte eine Kerze stecken, die vorher am unteren Ende mit einem Streifen Alufolie umwickelt wurde.

Goldbäumchen

3 x einen Streifen aus Goldpapier zuschneiden. Länge 55 cm, Breite 5 cm. Wenn Sie kein Goldpapier haben, können Sie auch ganz normales Packpapier oder weißes Papier verwenden und, wenn der ganze Baum fertig ist, golden ansprühen. Falten Sie alle 3 Streifen zu einer Ziehharmonika. 2 Streifen in der Breite kürzen, damit Sie 3 Größen von Kreisen haben (groß, mittel, klein). Anfang und Ende der Ziehharmonika zu einem Kreis zusammenkleben und in der Mitte des Schirmchens die Kanten des Loches mit Klebstoff versehen. Damit das Schirmchen in sich stabiler ist, einen 3 cm großen Kreis aus Papier schneiden und mit Kleber die Fläche des Kreises bestreichen. Dann den Kreis auf die Unterseite des Schirmchens festkleben und alles fest aneinander drücken (siehe mittleres Foto links). Wenn die Schirmchen leicht angetrocknet sind, ziehen Sie zuerst den großen Kreis auf einen 20 cm langen Stab und lassen die beiden anderen Schirme darüber in einem Abstand von 2-3 cm folgen. Die Schirmchen feste an den Stab drücken, eventuell noch etwas flüssigen Klebstoff zwischen Stab und Schirmchen streichen. An der Spitze 2 cm vom Stab überstehen lassen, damit Sie eine Christbaumkugel, von der Sie den Aufhänger entfernt haben, auf die Spitze setzen können. Kugel kann mit Klebstoff fixiert werden. Zwischen die Abstände der Kreise Zweige legen, z.B. Olivenäste.

Tannenbaum-Geschenk-Taschen

Eine kleine Überraschung

Tannenbaum-Geschenk-Taschen

Übertragen Sie die Form (auf Seite 127) des Tannenbaumes, auf einen weißen, dickeren Foto-Karton, indem Sie mit einem Bleistift an den Kanten der Schablone entlang fahren. 2 x den Tannenbaum ausschneiden. Einen Streifen aus dem gleichen Karton von ca. 47,5 cm Länge und 6 cm Breite zuschneiden. Der Streifen wird zwischen die beiden Baumseiten im unteren Teil geklebt.

Adresse für Backzutaten wie Goldglimmer finden Sie auf Seite 131.

WICHTIG: Genau die Maße am Baum messen und dann auf den Streifen Stück für Stück übertragen. Siehe Skizze auf Seite 127. Dann rechts und links an der Länge des Streifens jeweils 1 cm umknicken (anritzen). Auf den umgeknickten Streifen ein 1 cm breites, beidseitig klebendes Doppelband von Tesa aufkleben. Wo der Streifen zu einer Ecke geknickt wird, in den 1 cm umgeknickten Streifen ein flaches Dreieck schneiden, damit beim Knicken nicht soviel Papier übereinander kommt. Siehe Skizze ab Seite 127. Helle Linien leicht anritzen.

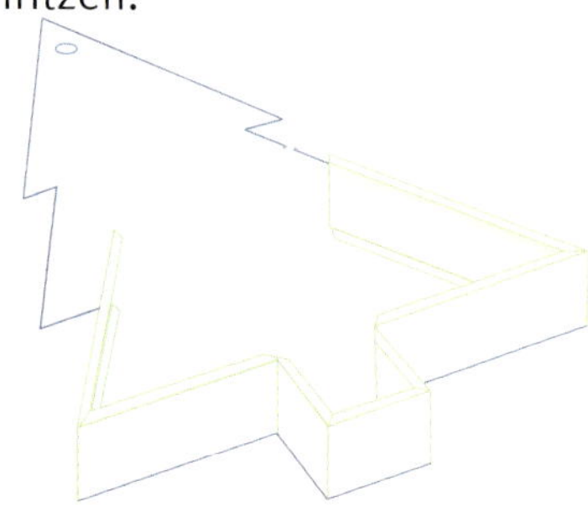

Schutz des Doppelbandes vom Streifen abziehen und Stück für Stück an eine Tannenbaumseite kleben. Fest andrücken. Nun die andere Seite des Tannenbaums festkleben. Und mit dem Stiel eines Kochlöffels innen an den klebenden Kanten noch einmal mit festem Druck entlang fahren. Die Flächen des Tannenbaumes vor dem Zusammenkleben gestalten. Oben an der Spitze mit dem Locher ein Loch zum Aufhängen stanzen.

...mit Gold und zartem Grün

Sterne aus verschiedenem Goldpapier ausschneiden oder selbstklebende Sterne benutzen.

Frische, kleine Zweige einer Eibe auf der Unterseite mit Farbe bestreichen, auf den Tannenbaum legen, ein dünnes Papier drauflegen und fest mit den Fingern die Zweige andrücken. So Stück für Stück die ganze Fläche bedrucken. Dazwischen selbstklebende goldene Sterne aufkleben.

Tannenbaum mit Goldpapier überziehen. Aus weißem, dünnen Papier kleine Stücke reißen und aufkleben. Kleine Punkte mit weißer Farbe auftragen. Tipp: Hat Ihr Papier eine glatte Oberfläche, unter die Farbe einen Tropfen Spülmittel mischen. Dadurch perlt die Farbe von der Fläche nicht ab.

Pfefferkuchen-Häuschen...

...schön winterlich, mit weißem Zuckerguß fein verziert. Ein schönes Geschenk.

22

Pfefferkuchen-Rezept

500 g Mehl
500 g flüssiger Honig
2 Teelöffel Zimt
1 Teelöffel Nelken
1 knappe Tüte Backpulver
500 g gemahlene Mandeln
2 Eier
Backofen: 180° C / Gas: Stufe 3

Eier und Honig schaumig rühren, Backpulver und Mehl gut vermischen, dann alle Zutaten zu der Eier-Honigmasse geben und zu einem Teig verkneten. Teig einen Tag im Kühlschrank ruhen lassen.

Verzierungen für viele Haus-Varianten:

1 Portion Teig ergeben 2 große Häuschen und ein paar Ausstecher oder 5 kleine Häuschen. Schablone auf Backpapier übertragen. Damit der Teig in seiner Oberfläche schön glatt bleibt, werden kleine Mengen Teig für 1 bis 2 Formen zwischen 2 Backpapieren 5 mm dick ausgerollt (kein Mehl verwenden). Schablonen auf den Teig legen und mit einem Abstand von 5 mm um die Schablonen die Form mit einem Messer ausschneiden. Hausflächen goldbraun backen. Wenn sich während des Backens Blasen bilden, den Teig mit einem flachen Schieber immer wieder platt drücken. Sie können auch den gebackenen Teig, sobald er aus dem Ofen kommt, mit der Rolle noch etwas glätten. Noch im heißen Zustand die Schablonen auf den gebackenen Teig legen und mit einem scharfen Messer oder Cutter, genau an der Schablone entlang, die Flächen ausschneiden. Zum exakten Schneiden sind Schablonen aus dickerem Papier geeignet, die auch die Hände gegen den heißen Teig schützen.

Lebkuchenteile kalt werden lassen und vor dem Zusammensetzen die einzelnen Platten verzieren. Tipp: Für Zuckerguss zum Verzieren im Kapitel "5. Dezember" schauen. Seitenteile an den Kanten und auf allen Bodenkanten dick mit Zuckerguss bestreichen (Guss darf nicht fließen). Dann alle 4 Grundmauern auf einem stabilen Pappuntergrund zum Stehen bringen und zusammendrücken.

20 Minuten ruhen lassen, dann die noch freien Kanten der Grundmauern und die Kanten der Dachplatten, die oben spitz zusammen laufen, mit Zuckerguss bestreichen. Dach aufsetzen und immer wieder festdrücken. Das Dach beim Trocknen eines großen Hauses etwas abstützen, damit Sie es nicht so lange halten müssen. Zum Schluss noch die Kanten schön verzieren. Schablonen befinden sich auf Seite 129.

Pfefferkuchen filigran verziert…

Mohnkuchen

Boden
1/2 Tasse Wasser mit einer Tasse Öl (kein Olivenöl) schaumig schlagen und mit Mehl zu einem geschmeidigen Teig kneten. Ausrollen und in eine gefettete Form legen und am Rand hochziehen. Kuchenformgröße 26 oder 28 cm.

Füllung
2 Tassen Mohn in $^1/_2$ l Wasser einmal aufkochen lassen. Wasser abgießen. Zu dem Mohn 2 Tassen Milch hinzu geben – aufkochen. Dann 80 g Butter in kleinen Stücken untermischen sowie eine Prise Salz und 2 Esslöffel Mondamin (Mondamin mit etwas kalter Milch anrühren). Alles noch einmal kurz aufkochen.

Nun kommen folgende Zutaten hinzu:
1 Tasse Rohrzucker
$^1/_2$Tasse geriebene Nüsse
1 Teelöffel Zimt
3 Eigelb
nach Wunsch ein paar Rosinen

Alles vermischen und am Schluss 3 Eiweiß steif schlagen und unterheben. Die Masse in die Form geben und bei 200°C (Gas: Stufe 4) 30 – 40 Minuten backen.

Rezepte

Quarkstollen mit Rosinen und Korinthen

750 g Mehl
350 g Zucker
375 g Magerquark
230 Butter
3 Eier
100 g Rosinen
100 g Korinthen
200 g Haselnüsse gehackt
200 g Mandeln gehackt
100 g Zitronat (kleine Würfel)
100 g Orangeat (kleine Würfel)
1 Teelöffel Bittermandelöl
2 Päckchen Vanillezucker
2 Päckchen Backpulver
2 Teelöffel Zitronensaft
2 Esslöffel Rum
1 Messerspitze Kardamom
1 Messerspitze Ingwerpulver
1 Messerspitze Nelken

Zucker und Eier schaumig schlagen, Butter hinzufügen und weiter rühren. Dann den Magerquark untermischen. Nun alle anderen Zutaten, bis auf Mehl und Backpulver, hinzugeben und gut vermischen. Zum Schluss Backpulver und Mehl unterrühren und alles zu einem geschmeidigen Teig verkneten. Sie können den Teig in Backformen geben oder nach Ihren Wünschen große und kleine Stollen formen. Ofen auf 250°C (Gas: Stufe 4-5) vorheizen und auf der mittleren Schiene bei 200°C (Gas: Stufe 4) 1 – 1½ Stunden backen. Stollen während der Backzeit mit Alufolie abdecken. Auf den noch heißen Stollen 125 g zerlassene Butter streichen und mit Puderzucker bestäuben.

Punchcreme mit Orangensaft und Weißwein

4-5 Eigelb
4-5 Eiweiß
175 g Zucker
2 Apfelsinen
1/2 Zitrone
1 1/2 Päckchen Pulver-Gelatine
125 g Schlagsahne
5 Esslöffel Rum
1/4 l Weißwein
Makrönchen

Eigelb mit dem Zucker schaumig schlagen. Weißwein, Rum, Apfelsinen und Zitronensaft mit der Schaummasse verrühren. Die Gelatine nach Anweisung auflösen, zu den Zutaten geben und kalt stellen. Wenn die Creme anfängt fest zu werden, das steifgeschlagene Eiweiß und die geschlagene Schlagsahne unterheben.

Creme kühlstellen und vor dem Servieren mit Makrönchen verzieren.

24
FROHES FEST · GOD JUL
JOYEUX NOËL
MERRY CHRIST
GOD JUL FEST

JUL

JUL

Nun kann das Fest beginnen.
Alle Gäste sind da. Die festliche Tafel ist geschmückt mit funkelndem Glas, alten Kerzenleuchtern, feinem Porzellan und kleinen geschmückten Tannenbäumchen in großen Glasvasen.

Eine alte Puddingform mit Sand füllen, 4 Kerzen hineinstecken und den Sand mit Lerchen- oder Zedernzweigen abdecken.

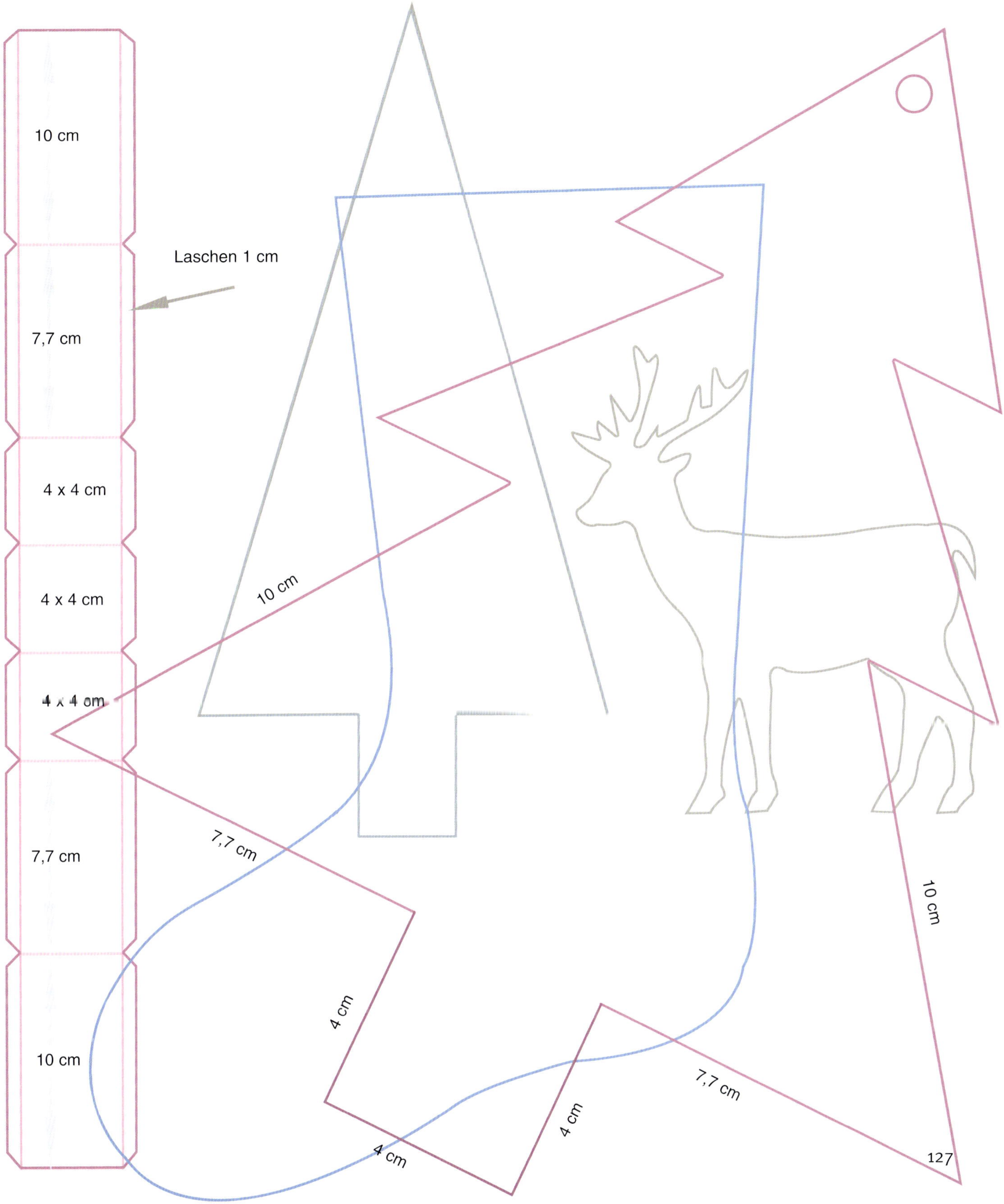

10 cm
Laschen 1 cm
7,7 cm
4 x 4 cm
4 x 4 cm
4 x 4 cm
7,7 cm
10 cm
10 cm
7,7 cm
4 cm
4 cm
4 cm
7,7 cm
10 cm

Federform

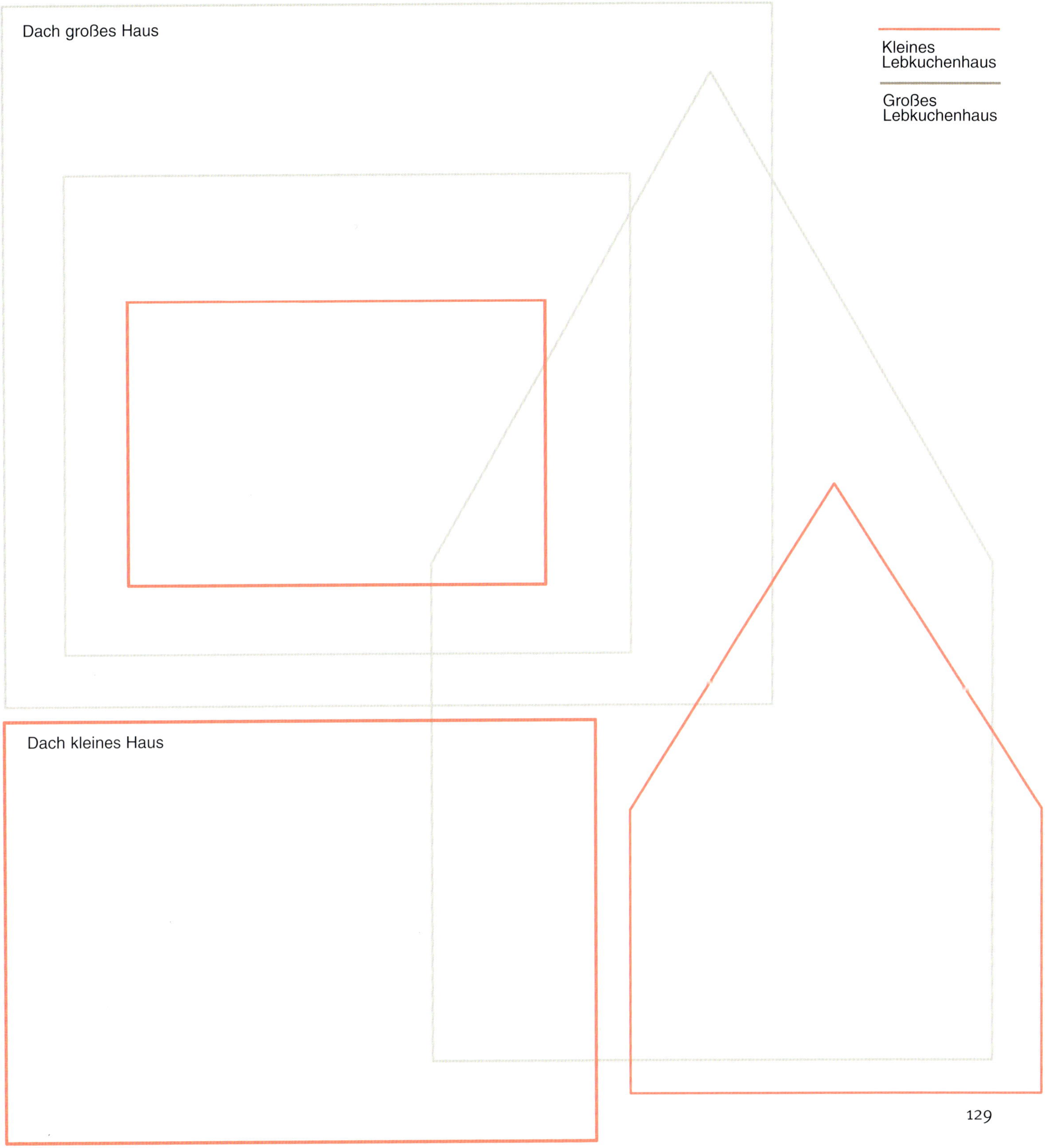
Dach großes Haus
Kleines Lebkuchenhaus
Großes Lebkuchenhaus
Dach kleines Haus

Lasche 1 cm
14 cm
7,5 cm
14 cm
2,5 cm
7 cm
7 cm
7 cm
7 cm
7 cm
2,5 cm
Lasche 1 cm

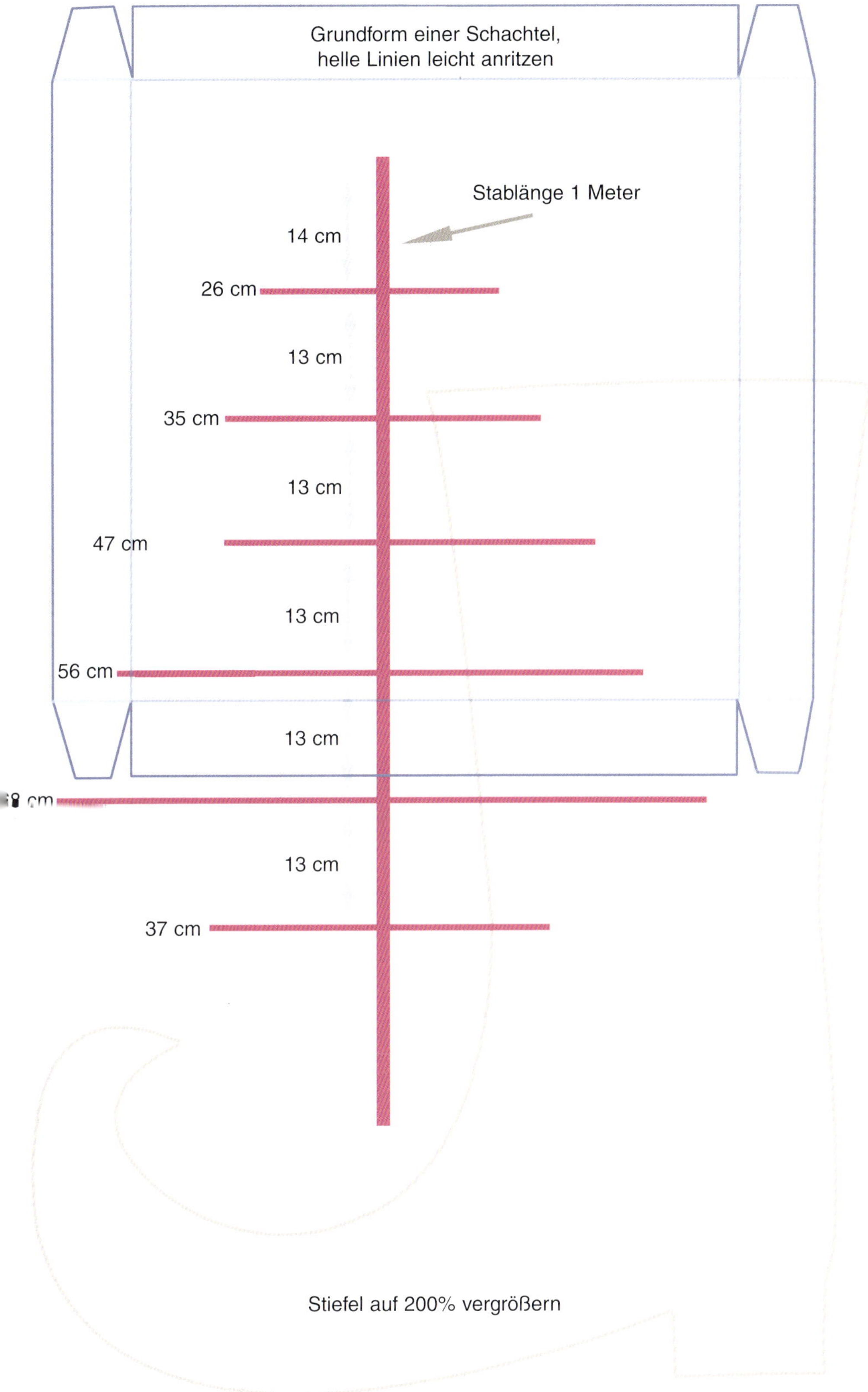

Adressen

Schöne Stoffe finden Sie im Online-Shop:
www.simis-atelier.de

Simi.S. Atelier
Simone Streicher
Gartenstr. 4A
85128 Wolkertshofen
Tel.: 08424 / 88 75 38

Charlotta's Zauberhafte Stoffe und mehr
Eppendorfer Weg 229
20251 Hamburg
Fon 040 46 77 47 52
Fax 040 46 77 47 53
info@charlottas.de
www.charlottas.de

Abb. Bänder/Stoffe TILDA

acufactum
Buchenstraße 11
58640 Iserlohn-Hennen
Tel.: 02304 / 5349

Diese und weitere Produkte finden Sie im Online-Shop: www.acufactum.de

Blechdosen: www.doseplus.de

Backzutaten: www.feludara.de

Gummiarabicum: www.aromaundnatur.de

Meine Homepage: www.kerstinhess-frogart.de

Frohes Fest